William MacDonald

Ich möchte mich taufen lassen

Fragen und Antworten zur Bedeutung der Glaubenstaufe

Hinweis:
Dieses Buch ist bereits früher als Emmaus-Bibelkurs unter dem Titel »Begraben in der Taufe« erschienen. Für die Neuherausgabe wurde der Text leicht überarbeitet und teilweise neu gegliedert.

Bibelzitate nach der Revidierten Elberfelder Übersetzung.

ISBN 3-89436-068-2

2. Auflage 2001

(Originalausgabe: »Buried by Baptism« by William MacDonald)

Übersetzung: Susanne Brockhaus
Titelgestaltung: Eberhard Platte, Wuppertal
Satz: Typographische Werkstatt Stegemann, Dülmen
Druck: Elsnerdruck, Berlin

Printed in Germany

Inhalt

Vorwort

Die Taufe! Kaum ein Thema hat soviel Übereinstimmung und Widerspruch hervorgerufen. Das sollte uns am Anfang unserer Studien darauf hinweisen, dass die fünf Kapitel dieses Buches einige der heikelsten Abschnitte des Neuen Testamentes behandeln.

Aber das sollte uns nicht abschrecken. Viele Probleme werden sich von selbst lösen, wenn die Textstellen in ihrem Zusammenhang und mit Hilfe anderer Schriften, die sich mit demselben Problem beschäftigen, betrachtet werden. Dieses Buch greift alle Probleme auf, ohne den Schwierigkeiten aus dem Weg zu gehen. Jede Textstelle des Neuen Testamentes, die sich auf die Taufe bezieht, wird behandelt, und am Ende des Buches sind alle Bibelstellen aufgeführt.

Jedoch reicht es nicht aus, lediglich einige Probleme zum Thema Taufe zu lösen. Der Herr Jesus selbst gibt im Neuen Testament den klaren Befehl, dass sich wiedergeborene Christen taufen lassen sollen. Wir müssen uns die Forderung klar vor Augen stellen.

Wenn dieses Buch den Leser zum sorgfältigen Bibellesen anleitet, so ist das gut. Noch besser ist es, wenn dieser durch das Buch die Taufe besser verstehen lernt. Das Allerbeste aber ist, wenn er auf den Weg des Gehorsams geführt wird.

KAPITEL 1

Die Taufe in der vorgemeindlichen Zeit

Von der Johannestaufe bis zur Taufe Christi am Kreuz

Einleitung

Die verschiedenen Bibelstellen über Taufe im Neuen Testament lassen erkennen, dass mit diesem Begriff verschiedene Handlungen und Erfahrungen beschrieben werden. Die Absicht dieses Buches ist es, diese unterschiedlichen Arten der Taufe zusammenzustellen und zu versuchen, die Bedeutung jeder einzelnen zu ergründen.

Zur Einführung wollen wir die verschiedenen Arten der Taufe [1] aufzählen:

1 Ergänzende Anmerkung des deutschen Herausgebers: Die Praxis der fast 2000-jährigen Christlichen Kirche kennt drei Verfahrensweisen, die man »Taufe« nennt: 1. Die Besprengung (aspersion), 2. Das Übergießen (affusion), 3. Das Untertauchen (immension). Ganz eindeutig ist die dritte Art die, die Johannes praktizierte, die zur Zeit Jesu durch seine Jünger und dann auch durch die Apostel bzw. deren Mitarbeiter vorgenommen wurde.

1. Die Taufe durch Johannes den Täufer
2. Die Taufe Jesu durch Johannes
3. Die Taufe durch die Jünger Jesu
4. Die Taufe Christi im Tod auf Golgatha
5. Die Taufe der Glaubenden
5.1. Die geistliche Taufe in den Tod Christi, die bei der Bekehrung stattfindet.
5.2. Die physische Taufe im Wasser, die ein Sinnbild der geistlichen Taufe ist.
6. Die Taufe mit dem Heiligen Geist
7. Die Taufe mit Feuer
8. Zwei im Neuen Testament erwähnte alttestamentliche Taufen
8.1. Die Taufe auf Mose
8.2. Jüdische Taufen (rituelle Waschungen)

Nachstehend werden wir nun auf diese unterschiedlichen Taufen eingehen, ihre Zusammenhänge und Bedeutungen erklären, aber auch auf die Argumente für die eine oder andere Sichtweise eingehen. Dabei wird auf viele Bibelstellen verwiesen. Es scheint uns wichtig zu sein, diese Bibelstellen aufzuschlagen und nachzulesen. Dabei sollten auch immer die Zusammenhänge mitgelesen und bedacht werden. Bei Bibelstellenzitaten handelt es sich um die Version der ›Revidierten Elberfelder Übersetzung‹.

Die »Johannes-Taufe«

Die erste Erwähnung der Taufe im Neuen Testament hängt mit der von Johannes dem Täufer vollzogenen Handlung zusammen. Bei dem Nachdenken über die Taufe durch Johannes müssen verschiedene Punkte beachtet werden.

In Matthäus 21,24.25 deutete der Herr Jesus nachdrücklich an, dass diese Taufe »vom Himmel« ist. Das bedeutete, dass sie auf Grund göttlicher Anweisung vollzogen wurde. Gott bekräftigte so sein Einverständnis mit der geistlichen Aufgabe dieses hingebungsvollen Vorboten des Herrn Jesus, die schon im Alten Testament angekündigt war (Jesaja 40,3).

Es ist zu beachten, dass diese Taufe vor allem **für das Volk Israel** bestimmt war. Johannes selbst erklärte ausdrücklich: »... Ich kannte ihn nicht; aber damit er *Israel* offenbar werde, deswegen bin ich gekommen, mit Wasser zu taufen« (Johannes 1,31). Markus beschreibt die von Johannes getauften Menschen als »solche aus dem ganzen *jüdischen* Land und von *Jerusalem*« (Markus 1,5). Schließlich sagte auch der Apostel Paulus, als er in Antiochia sprach, dass vor dem Auftreten des Erretters Jesus Johannes *dem ganzen Volk Israel* die Taufe der Buße gepredigt hat (Apostelgeschichte 13,24).

Um die Bedeutung der Taufe durch Johannes

zu begreifen, ist es notwendig, die Wichtigkeit seiner Sendung als Vorbote Jesu zu verstehen.

Das Volk Israel hatte über 470 Jahre keinen eigenen König gehabt. Obwohl eine kleine Gruppe von Juden auf den Messias wartete, verhielt sich die Mehrheit Gott gegenüber gleichgültig. Das vorrangige Interesse galt in dieser Zeit nicht der Freiheit von der Knechtschaft der Sünde, sondern der Befreiung von der Herrschaft des römischen Reiches, zu dem Israel seit dem Jahr 63 v. Chr. gehörte.

Der Herr Jesus Christus sollte bald in die Welt kommen und als der König der Juden erscheinen. Er konnte jedoch nicht über diese Menschen herrschen, so lange sie noch in Sünde lebten. Deshalb wurde Johannes der Täufer vor dem Kommen des Messias gesandt, um den Weg des Herrn vorzubereiten, indem er die Juden zur Buße aufrief.

Das erklärt, warum er »kam ... und predigte die Taufe der Buße zur Vergebung der Sünden« (Lukas 3,3). Er rief die Menschen auf, Buße[2] zu tun, um Vergebung ihrer Sünden zu erlangen, und ihre Buße dann öffentlich durch die Taufe zu bekunden.

2 Ergänzende Anmerkung des deutschen Herausgebers: Buße hat nichts mit ›Büßen‹ im Sinn einer Absitzung von Strafe oder im Sinn einer Wiedergutmachtung zu tun. Der biblische Begriff meint Änderung der Gesinnung und eine daraus resultierende geänderte Verhaltensweise.

Doch die Botschaft von Johannes führte weiter. Er war nicht daran interessiert, lediglich eine Schar von getauften Jüngern um sich zu sammeln. Er rief seine Hörer auf, »der Buße würdige Früchte hervorzubringen« (Matthäus 3,8; Lukas 3,8).

Die Zöllner, die sich von ihm taufen ließen, wies er an, »nicht mehr zu fordern als festgesetzt war«, das heisst, keine höheren Steuern oder Zölle einzuziehen als das Gesetz es forderte.

Den Soldaten, die Johannes taufte, wurde gesagt, dass sie keinem Menschen Gewalt antun, keine falschen Anklagen erheben und mit ihrem Sold zufrieden sein sollten (Lukas 3,12-14).

Und schließlich wurde die Volksmenge allgemein angewiesen, mit Bedürftigen zu teilen.

Die Taufe von Johannes forderte also zu einem veränderten Leben auf.

Zusätzlich wurden die Getauften ermahnt, »an den zu glauben, der kommen sollte, das heißt, an Jesus Christus« (Apostelgeschichte 19,4). Sie wurden auf »das Lamm Gottes, welches die Sünde der Welt wegnimmt«, hingewiesen (Johannes 1,29.36).

Lukas berichtet uns, »dass alles Volk, das ihn (Johannes) hörte, und die Zöllner Gott recht gaben und sich taufen ließen mit der Taufe des Johannes« (Lukas 7,29). Das bedeutet, dass die bußfertigen Juden, die von Johannes getauft wurden, dabei bekannten und dadurch bezeugten, dass

Gott Recht hatte, wenn er sie Sünder nannte. Sie nahmen zusammen mit Gott gegen sich selbst Stellung.

Die Pharisäer und Schriftgelehrten andererseits »verachteten Gottes Rat gegen sich selbst und ließen sich nicht von ihm taufen« (Lukas 7,30). Sie weigerten sich, die Wahrheit, dass sie Sünder sind, anzuerkennen und bezichtigten praktisch damit Gott der Lüge.

In gewisser Beziehung ähnelte die Taufe des Johannes der Glaubenstaufe. Einmal schloss sie zunächst eine innere Erfahrung und dann ein äußeres Bekenntnis ein. Zweitens war sie eine Taufe mit ganz normalem Wasser (Johannes 1,26; 3,23; Apostelgeschichte 1,5; 11,16).

Dennoch ist es wichtig zu erkennen, dass die von Johannes gepredigte und vollzogene Taufe nicht dasselbe war wie die Glaubenstaufe. Dies wird in Apostelgeschichte 19 klar gesagt, als einige der ›Johannesjünger‹ von Paulus befragt werden. Als Paulus erfuhr, dass sie den Heiligen Geist nicht empfangen hatten, als sie gläubig geworden waren, fragte er sie, auf welche Art sie getauft worden seien. Als er erfuhr, dass sie nur mit der Taufe des Johannes getauft worden waren, erklärte er ihnen, dass Johannes die Menschen gelehrt hatte, an den zu glauben, der **nach** ihm komme, das ist Jesus. Als sie dies hörten, ließen sie sich noch einmal taufen, diesmal auf den Namen des Herrn Jesus. Paulus legte ihnen dann die Hände auf und sie empfingen den Heiligen Geist (Apostelgeschichte 19,1-6).

Aus dem Gesagten erkennt man, dass die ›Johannestaufe‹ einerseits vorbereitend, andererseits aber auch vorläufig war. Sie war dazu bestimmt, das Volk Israel auf das Kommen des Messias vorzubereiten. Wer sich taufen ließ, bekannte dadurch, ein bußfertiger Israelit und Jünger von Johannes zu sein. Sie war *vorläufig,* weil sie nur in der Zeit zwischen dem ersten Auftreten von Johannes und Pfingsten geschah; dann wurde sie von der Taufe der Glaubenden abgelöst.

Die Taufe Jesu durch Johannes

Auf den ersten Blick mag es so scheinen, dass die Taufe Jesu zum vorigen Abschnitt gehört. Der Herr Jesus ließ sich tatsächlich von Johannes taufen. Wir erinnern uns daran, dass die Taufe des Johannes eine Taufe der Buße war. Aber der Herr Jesus hatte keine Sünde, die durch Buße und Bekennen weggetan werden musste. Darum ist klar, dass seine Taufe etwas Besonderes war und dementsprechend einzuordnen ist.

Der Herr Jesus war ungefähr dreißig Jahre alt, als er von Galiläa aus an den Jordan kam, um getauft zu werden (Lukas 3,23; Matthäus 3,13).

Zuerst lehnte Johannes es ab, den Herrn Jesus zu taufen. Er schlug statt dessen vor, der Herr möge lieber ihn taufen. Die Antwort des Herrn Jesus beschreibt offensichtlich die wahre, grundlegende Bedeutung seiner Taufe. Er sagte: »Lass es jetzt so sein, denn so gebührt es uns, alle Gerechtigkeit zu erfüllen« (Matthäus 3,15). Wenn wir verstehen, was der Herr mit »Erfüllung der Gerechtigkeit« meinte, werden wir auch wissen, warum er sich taufen ließ. Es gibt verschiedene Erklärungsvarianten:

1. Alle gottesfürchtigen Israeliten waren aufgerufen, sich taufen zu lassen. Jesus war ein gottesfürchtiger Israelit. Obwohl er keine Buße zu tun brauchte, gehorchte er doch dem Wort Gottes und bestätigte dadurch seine Gerechtigkeit.
2. Er wollte sich mit dem Teil des Volkes einsmachen, der auf Gottes Seite stand und unter dem sündhaften Zustand Israels litt. Seine Zuneigung galt denen, die sich vor Gott demütigten. Er nahm seinen Platz unter den bußfertigen Israeliten ein, um seinen Hass gegen die Sünde und seine Trauer über ihre Schuld zu zeigen.
3. Durch seine Taufe schilderte er gleichsam vorbildhaft die Art und Weise, in der er bald am Kreuz auf Golgatha »alle Gerechtigkeit erfüllen« würde. Indem der Herr Jesus in das Wasser des Todes stieg, schuf er eine Grundlage, auf

> der Gott den Sünder richten und dabei gerecht sein konnte. Dieser Erklärung gemäß sagte der Herr Jesus: »Lass es nun so sein; denn so (durch diesen Hinweis auf meinen Tod am Kreuz) werde ich Gottes gerechte Forderungen gegenüber der Sünde bald erfüllen und der Erlöser aller werden, die an mich glauben.«

Welche der obigen Erklärungsvarianten ist die richtige? Wir meinen, dass nicht eine Wahrheit allein genügt, sondern dass sie alle in gewisser Weise recht haben, und dass sogar diese Erklärungen die Bedeutung des Ausdrucks »Erfüllung der Gerechtigkeit« nicht voll erschöpfen.

Nachdem Jesus getauft worden und aus dem Wasser gestiegen war, fuhr der Geist Gottes gleich einer Taube herab und kam auf ihn (Matthäus 3,16).

Dazu sprach eine Stimme vom Himmel: »Dies ist mein geliebter Sohn, an dem ich Wohlgefallen gefunden habe« (Matthäus 3,17).

Damit fanden die 30 Jahre, die Jesus in Nazareth verbracht hatte, ihren Abschluss, und mit göttlicher Bestätigung begann der öffentliche Dienst des wunderbaren Sohnes Gottes.

Die Taufe durch die Jünger Jesu

Als der Herr Jesus seinen öffentlichen Dienst begann, kamen viele Menschen zu ihm, um getauft zu werden. Nach den beiden folgenden Schriftstellen mag es so scheinen, als ob Jesus diese persönlich taufte: »Danach kamen Jesus und seine Jünger in das Land Judäa, und dort verweilte er mit ihnen, und taufte« (Johannes 3,22). »Als nun der Herr erkannte, dass die Pharisäer gehört hatten, dass Jesus mehr Jünger mache und taufe als Johannes ...« (Johannes 4,1).

In Johannes 4,2 wird jedoch eindeutig gesagt, dass der Herr Jesus nicht selbst taufte, sondern dass seine Jünger dieses taten. Wenn also gesagt wird, dass er getauft hat, so bedeutet das zunächst, dass die Menschen sich auf ihn und seine Lehren taufen ließen im Sinn einer »Anhängerschaft«. Diese Taufe erfolgte für ihn bzw. auf ihn, auf seine Person durch andere, durch die er sie ausführen ließ.

Außer den schon zitierten Versen gibt es keine andere Bibelstelle, die auf die Taufe durch die Jünger Jesu vor der Vollendung des Erlösungswerks hinweist.

Viele Bibelkenner glauben, dass sie der Taufe durch Johannes sehr ähnlich war. Sie belegen dies so:

1. Sie war vor allem für die Juden bestimmt, denn zur damaligen Zeit offenbarte sich der Herr »den verlorenen Schafen des Hauses Israels« (Matthäus 15,24).
2. Sie war augenscheinlich eine Taufe der Buße, die der Schwerpunkt der Botschaft des Messias war: »Tut Buße, denn das Reich der Himmel ist nahe gekommen« (Matthäus 4,17).

Es ist offenkundig, dass die, welche durch die Jünger Jesu getauft wurden, bekennende Nachfolger des Herrn als dem Messias und nicht Nachfolger des Johannes wurden.

Die Taufe Christi im Tod auf Golgatha

Eine vierte im Neuen Testament erwähnte Form der Taufe ist der Tod des Herrn Jesus am Kreuz. Er sprach vorausschauend davon, als er sagte: »Ich habe aber eine Taufe, womit ich getauft werden muss, und wie bin ich bedrängt, bis sie vollbracht ist« (Lukas 12,50). Sein ganzes Leben auf der Erde war auf dieses Ereignis gerichtet, und er litt unsagbare Not, um dieses Ziel zu erreichen.

Er wies ein weiteres Mal auf diese Taufe hin, als er Jakobus und Johannes fragte: »Könnt ihr den Kelch trinken, den ich trinken werde oder mit der Taufe getauft werden, mit der ich getauft werde?« Sie sprachen zu ihm: »wir können es«. Und er sprach zu ihnen: »Den Kelch, den ich trinke, werdet ihr trinken und mit der Taufe, mit der ich getauft werde, werdet ihr getauft werden; aber das Sitzen zu meiner Rechten und Linken zu vergeben, steht nicht bei mir, sondern ist für die, denen es bereitet ist« (Markus 10,38-39; Matthäus 20,22-23).

Einerseits konnten seine Jünger mit seiner Taufe getauft werden: Sie konnten leiden und durch die Hand der Menschen sterben (siehe Apostelgeschichte 12,1ff). Dies meinte der Heiland, als er sagte: »mit der Taufe, mit der ich getauft werde, werdet ihr getauft werden«.

Andererseits konnte nur er diese Taufe auf sich nehmen: Nur er konnte als Stellvertreter für alle Sünder sterben. Der Psalmschreiber weissagte diese Taufe, als er sagte: »Alle deine Wasserwogen und Wellen gehen über mich hin« (Psalm 42,8).

KAPITEL 2

Grundsätzliches über die Glaubenstaufe

Die Bedeutung der Taufe von Gläubigen

Die Art und Weise der Taufe, der im Neuen Testament die meiste Beachtung geschenkt wird, wollen wir als »Taufe von Glaubenden« bezeichnen.

Diese Taufe ist sowohl geistlich als auch praktisch zu verstehen. Geistlich gesehen bedeutet dies die Taufe in den Tod Jesu, die bei der Bekehrung stattfindet. Und praktisch gesehen ist die Taufe durch Untertauchen im Wasser das Bekenntnis der geistlichen Taufe.

In Römer 6, wo die Bedeutung der Taufe am ausführlichsten erklärt ist, werden beide Seiten dieser Wahrheit dargestellt. Dort wird das Thema der Taufe angeschnitten, um die Gläubigen daran zu erinnern, dass ein Weiterleben in der Sünde nicht sein darf, weil sie der Sünde gestorben sind. Das haben sie in ihrer Taufe bezeugt.

Vielleicht können wir am besten die vorangegangenen Aussagen von Römer 5 ab Vers 12 und die Belehrung von Kapitel 6 (besonders Verse 1-10) durch die nun folgenden zehn Punkte erklären:

1. Als gottlose Nachkommen Adams sind alle Menschen in der Gewalt des Todes. Unsere alte Natur ist hoffnungslos dem Teufel verfallen. Gott entschloss sich jedoch nicht, diese Natur zu verbessern oder zu ändern, sondern entschied, dass wir als gottlose Söhne Adams sterben müssen. Er verurteilte unser fleischliches Sein zum Tod.
2. Wenn der Mensch in diesem Sündenzustand stirbt, ist er für immer verloren. Deshalb sandte Gott seinen Sohn, unseren Heiland, der an unserer Stelle sterben musste. Das ›an unserer Stelle‹ bedeutet also, dass eigentlich wir starben, als der Herr Jesus am Kreuz starb. Er starb für uns und dadurch wurde im Tod des Herrn Jesus Gottes Urteil an uns vollstreckt. So wie Christus »in den Tod getauft wurde«, so ist jeder, der an ihn glaubt, in Gottes Augen »in den Tod getauft worden«.
3. Deshalb lesen wir in Römer 6,3-6: »... Wisst ihr nicht, dass wir, so viele wir auf Jesus Christus getauft worden, auf seinen Tod getauft worden sind? So sind wir nun mit ihm begraben wor-

den durch die Taufe in den Tod ... Wir sind verwachsen mit der Gleichheit seines Todes ... unser alter Mensch ist mit ihm gekreuzigt.«

4. Nur dieses Opfer konnte die Heiligkeit Gottes zufriedenstellen. Unser sündhaftes »Ich« musste für immer aus den Augen Gottes geräumt werden. Der Tod war die Lösung, und dieser Tod fand auf Golgatha statt.
5. In dem Moment unserer Errettung erlangen wir die herrlichen Auswirkungen, die uns durch den Tod des Herrn Jesu geschenkt werden. Wenn wir dann im Wasser getauft werden, bekennen wir öffentlich, dass wir mit ihm gestorben sind, und dass unsere Vergangenheit als Sünder in Gottes Augen beendet ist. Es geht bei der sichtbaren Taufe um ein Bekenntnis.
6. In Römer 6,4 wird die Taufe ein »Begräbnis in den Tod« genannt. Sie heisst auch »Untertauchen unter den Wasserwogen und Wellen des Todes«. In Vers 5 wird wiederum von ihr als »einer Gleichheit seines Todes« gesprochen. »Gleichheit« bedeutet hier »ein Bild« oder »eine Ähnlichkeit«. Die Taufe ist also ein Sinnbild der Versenkung Christi in den Tod und unseres Begräbnisses mit ihm.
7. Die Person, die in das Wasser getaucht wird, zeigt dadurch bildhaft, dass das vergangene Leben bei der Bekehrung in den Tod gegeben ist. Dadurch wird die Tatsache veranschaulicht,

dass wir als ›Bestandteil‹ der alten Schöpfung in Gottes Augen nicht mehr existieren.

8. Natürlich steigt der im Wasser Getaufte wieder aus dem Wasser heraus. Aber in seinem Innern ist er neu. Es lebt nicht länger das alte »Ich«, sondern »Christus lebt in ihm« (Galater 2,20). Er steigt nicht aus dem Wasser, um das gleiche Leben wie früher weiterzuleben, sondern um »in Neuheit des Lebens zu wandeln« (Römer 6,4).
9. So lesen wir: »… gleichwie Christus aus den Toten auferweckt ist durch die Herrlichkeit des Vaters, so sollen auch wir in Neuheit des Lebens wandeln. Denn wenn wir mit ihm verwachsen (einsgemacht worden) sind mit der Gleichheit seines Todes, so werden wir es auch mit der (seiner) Auferstehung sein; da wir dies erkennen, dass unser alter Mensch mitgekreuzigt worden ist, damit der Leib der Sünde abgetan sei, dass wir der Sünde nicht mehr dienen« (Römer 6,4-6).
10. Zusammengefasst bedeutet die Taufe unsere Vereinigung mit Christus in seinem Tod und den Beginn eines neuen Lebens, nämlich seines Lebens in uns. Anders gesagt: Wir bekennen in der Taufe, dass wir unser eigenes »Ich« »ausgezogen« und Christus »angezogen« haben (Galater 3,27).

Die Taufe in der Apostelgeschichte

Nachdem wir die geistliche Bedeutung der Taufe festgestellt haben, wollen wir nun die Anwendung dieser Handlung in der Anfangszeit der Gemeinde kennenlernen. Weil die Apostelgeschichte diese Zeit beschreibt, ist es sinnvoll, dass wir die Taufe dort in einigen Einzelheiten untersuchen.

Als erstes ergibt eine solche Betrachtung, dass es klare Unterschiede in der Bedeutung und dem Ergebnis der Taufe gibt, die von dem nationalen Status der Betroffenen abhängen. H. P. Barker zeigt in seinem Buch sehr hilfreich, dass es vier Gruppierungen von Gläubigen in der Apostelgeschichte gibt, und in jeder sind die Ereignisse bei der Bekehrung und Taufe anders geordnet.

Diese vier Gruppen von Gläubigen sind

1. die Juden (Apostelgeschichte 2,38-40);
2. die Samariter (Apostelgeschichte 8,12-17);
3. die Heiden (Apostelgeschichte 10,47-48);
4. die Jünger des Johannes (Apostelgeschichte 19,5).

Die Reihenfolge der verschiedenen Schritte bei ihrer Bekehrung und Taufe kann wie folgt zusammengefasst werden:

Die Juden:

1. Zuerst forderte man sie auf, *Buße zu tun.*
2. Dann forderte man sie auf, *sich taufen zu lassen.*
3. Danach *empfangen sie den Heiligen Geist* (Apostelgeschichte 2,38).

Die Samariter:

1. *Sie nahmen das Wort Gottes an* (Apostelgeschichte 8,14).
2. Sie *wurden getauft* (V. 16).
3. Die Apostel Petrus und Johannes *legten ihnen die Hände auf* (V. 17).
4. Dann *empfingen sie den Heiligen Geist* (V. 17).

Die Heiden:

1. Zuerst *hörten sie das Wort,* das heisst, sie glaubten (Apostelgeschichte 10, 44).
2. Sie *empfingen den Heiligen Geist* (V. 44).
3. Sie *wurden getauft* (V. 48).

Die Jünger des Johannes:

1. Sie *hörten die Botschaft* des Paulus über Christus (Apostelgeschichte 19,5) und nahmen sie öffentlich an.
2. Sie *wurden getauft* (V. 5).
3. Paulus *legte ihnen die Hände auf* (V. 6).
4. Sie *empfingen den Heiligen Geist* (V. 6).

Der wichtigste Punkt ist, dass in drei Fällen die Taufe *vor* dem Empfang des Heiligen Geistes stattfand, und in einem Fall (den Heiden) die Taufe dem Empfang des Heiligen Geistes *folgte.* Sofort erhebt sich die Frage: »Warum gibt es diese Unterschiede in der Apostelgeschichte?«

1. Die »christusgläubigen« Juden aus dem Judentum

Im Fall der Juden müssen wir uns klarmachen, dass die Apostelgeschichte eine Übergangszeit beschreibt. Das Judentum wurde nicht sofort abgelöst, als das Christentum Eingang fand, sondern es gab eine Übergangszeit. Ein Schriftsteller beschreibt diese Zeit sehr treffend als »die Entwöhnungszeit von Jakob«, in der die erste Gemeinde, die vor allem aus bekehrten Juden bestand, die Symbole und Schatten (Hebräer 8,5; 10,1) des Judentums abschaffte zugunsten der Wirklichkeiten des christlichen Glaubens.

Man muss auch daran denken, dass die Juden bei Gott in Ungnade gefallen waren, weil sie den Messias umgebracht hatten. Der Schrei: »Sein Blut komme über uns und unsere Kinder« (Matthäus 27,25) war im Himmel gehört worden und bestimmte das Verhältnis zwischen Juden und Gott.

Als nun (in Apostelgeschichte 2) dem jüdischen Volk das Evangelium gepredigt wurde, sagte man den Juden, dass sie getauft sein müssten, um die Gabe des Heiligen Geistes zu empfangen. Durch die Taufe trennten sie sich vom jüdischen Volk und ihrer Religion. Sie bekundeten öffentlich ihre Abkehr von dem Volk, das den Herrn des Lebens und der Herrlichkeit tötete. Sie ließen sich aus »diesem verkehrten Geschlecht retten« (Apostelgeschichte 2,40). Die Taufe kennzeichnete für sie eine endgültige Trennung von ihrer Vergangenheit und einen Neubeginn mit Christus.

Sie stellten sich nach außen hin auf christlichen Boden. Das bedeutet nicht, dass die Taufe für die Errettung unentbehrlich war; der Glaube **allein** hat immer vor Gott Gnade gefunden. Aber es bedeutet auch, dass Gott seinen Heiligen Geist nicht denen senden konnte, die noch in irgendeiner Weise mit dem verworfenen Volk Israel verbunden waren.

An dieser Stelle muss gesagt werden, dass zwei der schwierigsten Verse, die die Taufe betreffen, in Verbindung mit der Gemeinschaft der jüdischen Gläubigen stehen:

a) In Apostelgeschichte 2,38 lesen wir, dass Petrus am Pfingsttag zu den Juden sagte: »Tut Buße, und jeder von euch lasse sich taufen auf den Namen Jesu Christi zur Vergebung eurer Sünden, und ihr werdet die Gabe des Heiligen Geistes empfangen.«

b) Der andere steht in Apostelgeschichte 22,16. Dort sagt Ananias zu Saul: »... und nun, was zögerst du? Steh auf, lass dich taufen und deine Sünden abwaschen, indem du den Namen des Herrn anrufst.«

Diese beiden Verse scheinen zu lehren, dass Sünden durch die Taufe im Wasser abgewaschen werden. Diese Ansicht kann aber nicht stimmen, weil nur das Blut Jesu Christi, des Sohnes Gottes von Sünden reinwaschen kann (1. Johannes 1,7).[3]

3 Ergänzende Anmerkung des deutschen Herausgebers: Der Hinweis in Apostelgeschichte 2,38 ist eine Antwort von Petrus auf die bestürzte Frage der Zuhörer aus dem Judentum: »*Was sollen wir tun, Brüder?*« Diese Frage ist nicht die nach einer allgemeinen Verhaltensweise, sondern ist eine Frage, nachdem sie die spezielle göttliche Aussage von Vers 23 gehört haben. Diese lautete: »*Diesen [Mann], der nach dem bestimmten Ratschluss und nach Vorkenntnis Gottes hingegeben worden ist, habt ihr durch die Hand von Gesetzlosen an [das Kreuz] geschlagen und umgebracht*«. Die folgenden Verse (24-36) sind die Beweisführung, dass dieser Mann der von Gott vorhergesagte, gesandte, bestätigte und bevollmächtigte Messias ist. Hier liegt also ein spezieller Anklagegrund vor, der durch die Buße und Beugung der Taufe vergeben werden kann.
Bei der Aussage von Apostelgeschichte 22,16 geht es nicht um die Bekehrung von Saulus, sondern um seinen Auftrag als besonderer Zeuge von dem, was er gesehen und gehört hat. Paulus war aktiv und für alle sichtbar gegen den Herrn Jesus aufgetreten. Für alle sichtbar sollte er durch das Bekenntnis der Taufe bezeugen, dass er jetzt auf der Seite dieses Jesus stand. Die Taufe und das Anrufen des Namens des Herrn Jesus sind hier ein Bekenntnis der bereits geschehenen Buße von Saulus vor Damaskus. Vielleicht hatten sowohl Hananias als auch Saulus die alttestamentliche Bibelstelle von Jesaja 4,4 im Sinn, dass die »*Unflat der Töchter Zions abgewaschen und die Blutschulden Jerusalems hinweggefegt werden*«. Auch hier ist zu beachten, dass Saulus fragte: »*Was soll ich tun, Herr?*« und das auf die Anklage hin: »*Ich bin Jesus, der Nazoräer, den du verfolgst!*«

Wenn wir die richtige Erklärung dieser Aussagen suchen, müssen wir beachten, dass diese Anweisungen nur den Juden gegeben wurden. Es ist niemals einem Heiden befohlen worden, sich zur Vergebung seiner Sünden taufen zu lassen. Wir werden wieder daran erinnert, dass es bestimmte Sünden gab, an denen die Juden in besonderer Weise schuld waren. Die Sünden der Ablehnung und Kreuzigung des Herrn Jesus und seine Verfolgung bzw. die seiner Gemeinde. Die Taufe hatte für die Vergebung dieser Sünden eine besondere Bedeutung.

Wenn ein gläubiger Jude auf den Namen des Herrn Jesus getauft wurde, erkannte er im Grunde genommen seine Schuld am Tod Christi an und trat öffentlich auf die Seite des Herrn Jesus. Damit trennte er sich vom Judentum.

2. Die gläubigen Samariter

Die Samariter sind die zweite Gruppe, die berücksichtigt werden muss. Wie schon erwähnt wurde, empfingen sie den Heiligen Geist erst, als sie glaubten, getauft waren und die Apostel ihnen die Hände aufgelegt hatten. Warum war in ihrem Fall die Taufe und das zusätzliche Handauflegen durch die Apostel nötig?

Wir glauben, dass die Antwort lautet: »Um eine Spaltung der Gemeinde zu vermeiden«. Seit Jahrhunderten herrschte bittere Feindschaft zwischen dem Volk Israel und den Samaritern. Die Frau am Brunnen fasste dieses gespannte Verhältnis in wenige Worte, als sie sagte: »Die Juden haben keine Gemeinschaft mit den Samaritern« (Johannes 4,9). Aber diese Haltung durfte nicht in die Gemeinde hineingetragen werden!

Zunächst bestand die Jerusalemer Gemeinde anfangs fast ausschließlich aus jüdischen Gläubigen. Als aber Philippus das Evangelium nach Samaria trug, nahm das Volk es mit Freude auf (Apostelgeschichte 8,5.8). Dies warf ein Problem auf. Würde die alte Feindschaft zwischen den beiden Völkern zur Einrichtung von zwei Gemeinden führen - einer jüdischen in Jerusalem und einer anderen, samaritischen im Norden? Das wäre eine ernste Absage an die Wahrheit gewesen, dass alle Gläubigen in Christus eins sind, und dass alle in den einen Leib Christi getauft sind.

Um einer solchen Spaltung in der Gemeinde vorzubeugen, gab Gott seinen Geist den Samaritern erst, nachdem sie getauft waren und die **Apostel** ihnen die Hände aufgelegt hatten. Diese Handauflegung zeigte die Einheit der jüdischen und samaritischen Gläubigen - alle eins in Jesus Christus.

3. Die Gläubigen aus dem Heidentum

Die Gläubigen aus dem Heidentum empfingen den Heiligen Geist sofort, nachdem sie an Christus glaubten. Dann wurden sie als Gläubige im Namen des Herrn Jesus getauft (Apostelgeschichte 10,48).

Wer heute behauptet, die Taufe sei unentbehrlich für die Errettung, muss beachten, dass seit den ersten Tagen der Gemeinde Heiden den Heiligen Geist empfingen, bevor sie getauft wurden.

4. Die Jünger des Johannes

Die vierte Gruppe von Gläubigen in der Apostelgeschichte ist ein Ausnahmefall, der einige der Jünger von Johannes betrifft. Diese Menschen waren von Johannes mit der Taufe zur Buße getauft worden. Sie hatten jedoch bislang aus Unkenntnis weder an den Herrn Jesus geglaubt und hatten auch nicht erfahren, dass der Heilige Geist ausgegossen worden war. (Apostelgeschichte 19,2 sagt: »Zu denen sprach er: Habt ihr den Heiligen Geist empfangen, nachdem ihr gläubig geworden seid? Sie sprachen zu ihm: Wir haben nicht einmal gehört, ob der Heilige Geist da ist.«)

Als Paulus ihnen zeigte, dass schon Johannes den Glauben an den Herrn Jesus gepredigt hatte: »... indem er dem Volk sagte, dass sie an den glauben sollten, der nach ihm komme, das ist an Jesus« (Apostelgeschichte 19,4), glaubten sie und wurden getauft im Namen des Herrn Jesus. Als der Apostel ihnen dann die Hände auflegte, empfingen auch sie den Heiligen Geist.

Weil diese Jünger zweifellos Juden waren, wurden sie zur Taufe aufgefordert, wie die anderen zu Pfingsten, um ihre Verbindung zu Israel öffentlich zu lösen. Dann legte Paulus ihnen die Hände auf, um zu zeigen, dass sie die gleichen Segnungen wie alle anderen Gläubigen erhalten würden. Die Tatsache, dass der Heilige Geist gesandt wurde, bestätigte den apostolischen Dienst von Paulus und bezeugte auch, dass alle Gläubigen in einem Leib durch einen Geist vereint sind.

5. Die Lehre für heute

Wenn jemand fragen sollte, wie die Berichte der Apostelgeschichte heute angewendet werden können, lautet die naheliegende Antwort, dass für uns heute die Reihenfolge der Ereignisse zutrifft, die für die Gläubigen aus den Nationen galt, nämlich:

1. Glauben,
2. Empfang des Heiligen Geistes,
3. Taufe im Wasser.

Außerdem meinen wir, dass die besonderen Anweisungen, die den Juden, Samaritern und den Jüngern des Johannes gegeben wurden, heute keine Bedeutung mehr haben. Zum Beispiel empfängt ein Jude heute den Heiligen Geist, sobald er an den Herrn Jesus glaubt, und nicht erst nach seiner Taufe. Der Grund für diese Veränderung ist darin zu sehen, dass sich Gott während der Zeit, über die die Apostelgeschichte berichtet, noch mit den Juden als Nation beschäftigte. Er kümmerte sich noch mit langmütiger Güte und Gnade um sein irdisches Volk. Am Ende der Apostelgeschichte (28,28) wandte Gott sich endgültig den Nationen zu, nachdem die Juden als Volk das Evangelium endgültig zurückgewiesen hatten. Seit dieser Zeit stehen alle Menschen auf der gleichen Grundlage. Alle werden ohne nationale Unterscheidung oder Vorteile als Sünder angesehen, und alle müssen Buße tun und das Evangelium annehmen.

Deshalb lautet heute die Botschaft an alle Menschen, Buße zu tun und dem Evangelium zu glauben. Tun sie dies, empfangen sie sofort den Heiligen Geist. Dann sollten sie getauft werden, um ihr Einssein mit dem Tod Jesu und ihre Entschlossenheit, von nun an ein neues Leben zu führen, zu bekennen.

Noch eine wichtige Tatsache:

Die Zeit der von Gott eingesetzten Apostel ist

vorbei. Deshalb empfängt auch keiner mehr den Heiligen Geist durch Handauflegung.

KAPITEL 3

Die Praxis der Glaubenstaufe

Die Anweisung zur Taufe

In zwei grundsätzlichen Bibelstellen wird die Glaubenstaufe eindeutig vorgeschrieben. Die erste ist Matthäus 28,19: »Geht nun hin, und macht alle Nationen zu Jüngern, und tauft sie auf den Namen des Vaters und des Sohnes und des Heiligen Geistes.«

Interessanterweise erhält hier derjenige den ausdrücklichen Befehl zu taufen, der das Evangelium predigt, wobei als selbstverständlich vorausgesetzt wird, dass seine Botschaft eine Belehrung über die Taufe beinhalten sollte.

Der zweite Vers, Markus 16,16, gibt die Verantwortung für die Taufe demjenigen, der die Botschaft annimmt. »Wer da gläubig geworden und getauft worden ist, wird errettet werden; wer aber nicht gläubig geworden ist, wird verdammt werden.«

Es scheint zunächst so, als ob dieser Vers die Taufe um der Errettung willen verlangt. Dass dies nicht stimmen kann, beweisen mehr als 150 Aussagen des Neuen Testaments, in denen die Errettung allein vom Glauben allein abhängig gemacht wird. Unmöglich können ein oder zwei Verse, die die Errettung von der Taufe abhängig zu machen *scheinen*, 150 andere Aussagen verdrängen, in welchen denen ewiges Leben versprochen wird, die einfach ›nur glauben‹.

Wir meinen, dass Markus 16,16 lediglich lehrt, dass dem Glauben normalerweise die Taufe folgt. Wenn der Herr Jesus sagt: »Wer gläubig geworden und getauft worden ist«, beschreibt er einfach die Reihenfolge der Geschehnisse. Alle Gläubigen sollen getauft werden. Sie sind aber nicht errettet, *weil* sie getauft sind.

Dies bestätigt der letzte Hinweis des Verses: »wer aber nicht gläubig geworden ist, wird verdammt werden.« Der Glaube ist die entscheidende Angelegenheit, und die Taufe ist das nachfolgende äußere Bekenntnis des Glaubens.

Die Formulierung (Taufformel)

Im Missionsbefehl an die Jünger wird gesagt, dass »auf den Namen des Vaters, des Sohnes und des Heiligen Geistes« getauft werden soll (Matthäus

28,19). In der Apostelgeschichte 8,16 wird jedoch gezeigt, dass die Samariter auf den »Namen des Herrn Jesus« getauft wurden.

Weil die Praxis der Apostelgeschichte die spätere ist im Vergleich zu der Matthäus-Anweisung, hat man daraus gefolgert, dass nun allein im Namen des Herrn Jesus getauft werden sollte und nicht im Namen der Dreieinheit.

Dies Argument ist jedoch nicht stichhaltig, weil die beiden Verse sich nicht widersprechen. Die Formulierung in Matthäus schließt die der Apostelgeschichte ein. Wird also die frühere Version benutzt, gibt es keinen Zweifel über ihre Gültigkeit.

Die Art und Weise der Taufe

Es muss hier nicht betont werden, dass die Ansichten über die Art und Weise der Taufe stark auseinandergehen. Das christliche Bekenntnis ist dadurch in zwei oder drei Lager gespalten, von denen die einen *besprengen,* die anderen *begießen* und noch andere *untertauchen.*

Üblicherweise verstehen diejenigen, die die beiden erstgenannten Arten vornehmen, die Taufe mit Wasser als Bild der Taufe durch den Heiligen Geist. Woher diese Vorstellung stammt, ist schwer zu sagen, weil an keiner Stelle der Bibel die christliche Taufe als Darstellung der Taufe durch den Heiligen Geist gilt. Die Taufe durch den Geist vereint die Gläubigen in dem Leib Christi (1. Korinther 12,13), während die Taufe im Wasser von dem Einswerden mit Christus in seinem Tod spricht.

Obwohl die Bibel keine konkreten Aussagen darüber macht, dass die Taufe durch Untertauchen stattfinden soll, kann man gute Argumente anführen, um diese Art der Taufe zu begründen. Wir möchten hier nur drei erwähnen:

1. Sie versinnbildlicht genauer das »Mit-Christus-gestorben-und-begraben-sein«.
2. Über die Taufe des Kämmerers durch Philippus wird berichtet: »... *und stiegen beide hinab in das Wasser,«* Philippus und der Kämmerer, und er taufte ihn. Als sie *»aber aus dem Wasser heraufstiegen ...«* (Apostelgeschichte 8,38.39).
3. Viele Abschnitte der Schrift legen das Untertauchen nahe durch Ausdrücke wie: »Aber auch Johannes taufte zu Änon, nahe bei Salim, weil *dort viel Wasser war*« (Johannes 3,23). »... und als Jesus getauft war, stieg er sogleich *aus dem Wasser herauf*« (Matthäus 3,16).

Taufe und Beschneidung

Unter gewissen christlichen Gemeinschaften ist heute die Lehre sehr verbreitet, dass die Taufe an die Stelle der Beschneidung getreten ist; und weil im Alten Testament die Säuglinge beschnitten wurden, so folgern sie, dass heute die Säuglinge getauft werden sollten. Diese Lehre stützt sich vermutlich auf Kolosser 2,11.12: »In ihm seid ihr auch beschnitten worden mit einer Beschneidung, die nicht mit Händen geschehen ist, sondern im Ausziehen des fleischlichen Leibes in der Beschneidung des Christus. Mit ihm wurdet ihr begraben in der Taufe, in ihm seid ihr auch auferweckt durch den Glauben an die wirksame Kraft Gottes, der ihn aus den Toten auferweckt hat.«

Der Gebrauch dieses Bibelabschnitts zur Rechtfertigung für die Säuglingstaufe verrät sicherlich das Fehlen von eindeutigen Belegen in der Schrift. In diesen Versen wird der Tod des Herrn Jesus auf Golgatha die »Beschneidung des Christus« genannt. Alle Gläubigen sind mit ihm in dieser Beschneidung vereint. In Christus sind wir beschnitten mit einer Beschneidung, die nicht mit Händen gemacht ist. Als er starb, starben wir; weil er für die Sünde starb, starben wir der Sünde, die einen beherrschenden Einfluss auf unser Leben ausübte. Diese Beschneidung (der Tod) bedeutet, dass wir von allem abgeschnitten werden, was wir als fleischlicher Mensch waren. Sie ist das Ende des sündigen ›Selbst‹, »das Ausziehen des fleischlichen Leibes«.

Die Vereinigung mit Christus in seinem Tod wird in der Taufe versinnbildlicht. Wir werden »mit ihm in der Taufe begraben«. So wie die Beschneidung vom Tode des Fleisches spricht, so spricht die Taufe von unserem Tod als Sünder.

Aber dieser Tod des Fleisches ist nicht das Ende! Der Apostel Paulus sagt weiter: »... und in ihm seid ihr auch auferweckt durch den Glauben, an die wirksame Kraft Gottes, der ihn auferweckt hat aus den Toten.«

Mit anderen Worten: Unsere Sünde, unser Fleisch und unser ›Selbst‹ starben, damit wir mit Gott leben können. Dem Tod folgt das Leben, und zwar nicht das vergängliche Leben, sondern ewiges Leben.

Da dies die klare Aussage des Abschnitts ist, wäre es offensichtlich eine Vergewaltigung des Zusammenhangs, daraus die Säuglingstaufe abzuleiten. Die hier beschriebenen Tatsachen wenden sich an die, welche durch einen eindeutigen Akt des Glaubens Jesus Christus als Heiland und Herrn aufgenommen haben, und so mit ihm eins geworden sind in seiner Beschneidung, das heißt, in seinem Tod am Kreuz.

Die Taufe für die Toten

Einer der vielleicht unverständlichsten Verse über die Taufe ist 1. Korinther 15,29: »Was werden sonst die tun, die sich für die Toten taufen lassen? Wenn überhaupt Tote nicht auferweckt werden, warum lassen sie sich denn für sie taufen?«

Als Erklärung hat man angegeben, dass es in der ersten Gemeinde ein Brauch der Gläubigen gewesen sein könnte, sich für andere taufen zu lassen, wenn diese gestorben waren, ohne getauft zu sein. Es gibt jedoch keinen historischen Beweis für einen solchen Brauch und sicherlich keine Rechtfertigung in der Schrift dafür.

Die zugegebenermaßen schwierige Erklärung dieses Verses, wie immer sie auch sein mag, sollte im Zusammenhang des Kapitels gelesen werden. Das Thema ist die Auferstehung des Leibes. Paulus führt an, dass es für Gläubige völlig sinnlos wäre, etwas im Hinblick auf die Zukunft zu tun, wenn es kein Leben nach dem Tod gäbe. Zu dem Zeitpunkt, als Paulus diese Worte niederschrieb, war eine große Christenverfolgung. Diese Verfolgung setzte besonders nach der Taufe von Glaubenden ein.

Paulus erinnert daran, wie viele Christen sich bitterer Verfolgung und grausamem Tod ausgesetzt haben, weil sie ihren Glauben an Jesus Christus öffentlich bekannt hatten. Trotzdem würden wieder andere Neubekehrte folgen und sich taufen lassen. Auch hier würde sich wieder ein Sturm teuflischen Widerstands erheben. Vielleicht würden sie sogar am nächsten Tag grausam verfolgt werden und den Märtyrertod sterben.

Aber hielt dies andere davon ab, an Jesus Christus zu glauben und sich taufen zu lassen? Nein, durchaus nicht! Mutig wagten sie den Schritt, um sich für die Toten (oder an ihrer Stelle) taufen zu lassen. Durch ihre Taufe füllten sie die entstandenen Lücken aus.

Darum sagt Paulus: Wenn es nun keine Auferstehung des Leibes in Herrlichkeit gäbe, wäre es töricht von ihnen, sich so für die Toten taufen zu lassen. »Warum ihren Platz in den Reihen einnehmen und in jeder Stunde in Gefahr sein wie ein Soldat im Krieg, wenn die Toten nicht auferstehen.«

KAPITEL 4

Taufe und Errettung

Zwei Irrtümer: Säuglingstaufe und Taufwiedergeburt

Keine Überlegungen über die Taufe wären vollständig, ohne der Frage ehrlich ins Auge zu sehen, ob die Taufe errettet.

Man kann diejenigen, die glauben, dass Taufe rettet oder zur Errettung notwendig ist, in zwei große Gruppen aufteilen.

1. Die einen glauben, dass das Besprengen eines Säuglings ihn zu »einem Mitglied der christlichen Gemeinschaft, einem Kind Gottes und einem Erben des himmlischen Königreichs« macht.
2. Die anderen lehren, dass derjenige, der an Christus glaubt, auch getauft sein muss, um wiedergeboren zu sein.

Die Vorstellung, dass die Taufe einen Säugling errettet, ist aus den folgenden Gründen ganz klar als falsch zu erkennen!

1. Kein einziger Vers im Neuen Testament unterstützt diese These. Es gibt keine eindeutige Feststellung, dass jemals ein Baby getauft wurde. Nur bekennende Gläubige werden im Neuen Testament getauft.

   Manchmal wird Markus 10, 13-16 zur Verteidigung der Säuglingstaufe herangezogen. Dort steht: »Und sie brachten Kinder zu ihm, damit er sie anrührte. Die Jünger aber fuhren sie an. Als aber Jesus es sah, wurde er unwillig und sprach zu ihnen: Lasst die Kinder zu mir kommen! Wehrt ihnen nicht! Denn solchen gehört das Reich Gottes. Wahrlich, ich sage euch: Wer das Reich Gottes nicht aufnimmt wie ein Kind, wird dort *nicht* hineinkommen. Und er nahm sie auf seine Arme und legte die Hände auf sie und segnete sie.«

   Spurgeon bemerkte hierzu: »Achte darauf, dass du das Wort liest, wie es geschrieben steht, und du wirst erkennen, dass nicht von Wasser die Rede ist, sondern nur von Jesus.«

2. Die Lehre, dass die Taufe Säuglinge errettet, stellt Gott so dar, als sei er so ungerecht, dass er hilflose Säuglinge der Hölle überliefere, nur weil ihre Eltern sie nicht taufen ließen, bevor sie starben.

3. Diese Lehre macht anstelle des Herrn Jesus das Wasser zum Erlöser. Er sagte aber: »*Ich* bin der Weg« (Johannes 14, 6).
4. Diese Lehre unterstellt, dass Christus umsonst gestorben ist. Warum musste der Herr Jesus sterben, wenn Säuglinge durch ein paar Tropfen Wasser gerettet werden können?
5. Schließlich hat diese Taufe auch keinen Erfolg. Viele Menschen, die als Säuglinge besprengt worden sind, beweisen durch ihr späteres Leben, dass sie niemals wahrhaft wiedergeboren sind.

Zu der Lehre, dass Glaube allein nicht genügt, sondern dass ein Gläubiger auch getauft werden muss, um errettet zu sein, müssen wir folgendes noch bedenken:

1. Diese Lehre bedeutet, dass das Werk des Herrn Jesus am Kreuz nicht ausreichend ist. Es würde also nicht stimmen, als er rief: »Es ist vollbracht«, weil nach dieser Lehre die Taufe zu dem Erlösungswerk hinzukommen muss.
2. Es würde unverständlich, dass der Herr persönlich niemanden getauft hat, wenn die Taufe für die Errettung notwendig wäre. In Johannes 4, 1-2 wird aber gesagt, dass der Herr Jesus die, die ihm nachfolgten, nicht selbst taufte, sondern dass seine Jünger diese Aufgabe übernahmen.

3. Der Apostel Paulus dankte Gott, dass er nur sehr wenige Korinther getauft hatte (1. Korinther 1,14-16). Diese Worte aus dem Munde eines Evangelisten müssten in der Tat befremden, wenn die Taufe für die Errettung unentbehrlich wäre. Die Tatsache, dass Paulus einige taufte, zeigt, dass er die Taufe von Gläubigen lehrte; die Tatsache, dass er nur wenige selbst taufte, zeigt, dass er sie nicht für eine Voraussetzung der Errettung hielt.
4. Der Verbrecher am Kreuz wurde nicht getauft; trotzdem wurde ihm von Christus versichert, dass er mit ihm im Paradies sein würde (Lukas 23,43).
5. Die Menschen, die in Cäsarea errettet wurden (Apostelgeschichte 10,44), empfingen den Heiligen Geist, als sie glaubten. Das bedeutet, dass sie zu Christus gehörten (Römer 8,9b). Sie wurden getauft, nachdem sie den Heiligen Geist empfangen hatten, dass heißt also *nach* ihrer Errettung (Verse 47 und 48). Deshalb war die Taufe nicht notwendig für ihre Errettung. Sie wurden erst errettet, dann getauft.
6. Die Taufe steht im Neuen Testament immer in Verbindung mit dem »Mit-Christus-gestorben-sein«.
7. Wie schon erwähnt, finden sich im Neuen Testament etwa 150 Stellen, die lehren, dass die Errettung allein vom Glauben abhängt. Ein

paar Verse, die zu lehren *scheinen,* dass die Taufe für die Errettung notwendig ist, können die vielen anderen Stellen nicht aufheben.

Zwei der wenigen betreffenden Verse haben wir schon besprochen, nämlich Markus 16,16 und Apostelgeschichte 22,16. Die anderen strittigen Aussagen folgen hier:

1. Johannes 3,5: »Jesus antwortete: Wahrlich, wahrlich, ich sage dir: Wenn jemand nicht aus Wasser und Geist geboren wird, kann er nicht in das Reich Gottes eingehen.«
2. Epheser 5,25-26: »... wie auch der Christus die Gemeinde geliebt und sich selbst für sie hingegeben hat, um sie zu heiligen, indem er sie reinigte durch das Wasserbad im Wort.«
3. Titus 3,5: »... Er rettete uns nicht aus Werken, die, in Gerechtigkeit vollbracht, wir getan hatten, sondern nach seiner Barmherzigkeit durch die Waschung der Wiedergeburt und Erneuerung des Heiligen Geistes.«
4. 1. Petrus 3,21: »Das Gegenbild dazu (zur Arche) errettet jetzt auch euch - das ist die Taufe - nicht ein Ablegen der Unreinheit des Fleisches, sondern die Bitte an Gott um ein gutes Gewissen durch die Auferstehung Jesu Christi.«

Erläuterungen zu Johannes 3,5

Der Leser sollte folgendes bei dem ersten der vier Aussagen beachten:

1. Der Herr Jesus sagte nicht »geboren aus der Taufe«, sondern »geboren aus Wasser«. Die christliche Taufe war zu dieser Zeit noch nicht angeordnet. Nikodemus wusste bisher noch nichts von ihr.
2. In Johannes 7,38-39 wird klar gesagt, dass es sich hier nicht um normales Wasser handelt. »Wer an mich glaubt, wie die Schrift sagt, aus dessen Leib werden Ströme lebendigen Wassers fließen. Das sagte er aber von dem Geist, den die empfangen sollten, die an ihn glaubten.« Hier gebrauchte der Herr Jesus Wasser als Sinnbild des Heiligen Geistes.

   Man kann gut erkennen, dass sich in Johannes 3,5 das Wasser auf den Heiligen Geist bezieht, wenn man noch eine weitere erklärende Stelle dazunimmt. Das Wort »und« in der Formulierung »und aus Geist« hätte ebensogut auch mit »oder auch« übersetzt werden können. Damit könnte der Vers genau übersetzt werden: »Wenn jemand nicht aus Wasser oder auch aus Geist geboren wird, kann er nicht in das Reich Gottes eingehen.«

   Dass nur die Geburt aus dem Geist gemeint

ist, beweisen auch die Verse 6 und 8, in denen der Ausdruck »aus dem Geist geboren« wiederholt wird.

3. Im Neuen Testament wird Wasser auch als Sinnbild des Wortes Gottes benutzt. Es liegt völlig im Geist der ganzen Bibel, diese Bedeutung auch hier zu sehen. Bei jeder aufrichtigen Bekehrung spielt das Wort Gottes eine Rolle. So schreibt Petrus: »… ihr seid nicht wiedergeboren aus vergänglichem Samen, sondern aus unvergänglichem, durch das lebendige und bleibende Wort Gottes« (1. Petrus 1,23).

   Auch Paulus spricht vom Wort als einem zur Errettung gebrauchten Mittel, indem er den Ausdruck »Reinigung durch das Wasserbad im Wort« benutzt (Epheser 5,26).

   Der Herr Jesus spricht schließlich vom Wort als einer reinigenden Kraft, wenn er sagt: »Ihr seid schon rein um des Wortes willen, das ich zu euch geredet habe« (Johannes 15,3).

   Wenn der Herr also sagt: »Wenn jemand nicht aus Wasser und Geist geboren wird …« wird er das gemeint haben, was die Bibel sonst überall lehrt, dass nämlich die Wiedergeburt durch die *Kraft* des Heiligen Geistes und durch das *Mittel* des Wortes stattfindet.

4. In Johannes 3 beschreibt der Herr Jesus die Wiedergeburt als nicht vorhersagbar (Vers 8). Die Taufe kann jedoch vorausgesagt werden.

Tag und Stunde können im voraus festgelegt werden. Bei der Wiedergeburt aber ist das unmöglich. Sie ist ein unumschränktes Werk des Geistes Gottes.

5. Was bedeutet es also, »aus Wasser und Geist geboren zu sein«?

   Es ist leicht zu verstehen, dass es sich um den Glauben an den Herrn Jesus handelt: In Johannes 3,5 wird das ewige Leben von der Wiedergeburt aus Wasser und Geist abhängig gemacht.

   In Johannes 3,15.16.18.36 wird das ewige Leben vom Glauben an den Sohn Gottes abhängig gemacht.

   Weil Gleiches (ewiges Leben) von der gleichen Basis herrührt und gleiche Resultate bewirkt, folgt hieraus, dass eine Wiedergeburt stattfindet, wenn ein Sünder an Jesus Christus glaubt.

6. Spurgeon hatte recht, als er schrieb: »Man könnte einen Menschen einem immerwährenden Regenguss aussetzen, aber man könnte ihn dadurch nicht zu einem Glied Christi machen. Oder man könnte ihn durch den Atlantischen Ozean ziehen, und wenn er das Untertauchen überlebte, wäre er immer noch um keinen Deut besser. Der Weg ist nicht die Taufe, sondern Christus. Wenn du an Christus glaubst, bist du ein Glied seiner Gemeinde. Wenn du Christus, der Gottes Weg zur Erlösung ist, dein

Vertrauen schenkst, hast du Gewissheit, dass du vor Grundlegung der Welt von ihm erwählt worden bist - und dass dein Glaube dir das Anrecht auf alle Vorrechte gibt, die Christus in seinem Wort den Gläubigen verspricht.«

Wir haben gesehen, dass Johannes 3,5 den Lehrsatz, dass die Taufe errettet, nicht unterstützt. Wir wollen uns nun den weiteren Versen zuwenden, die gewöhnlich auch dazu benutzt werden, diese Lehre zu rechtfertigen.

Die Bedeutung von Epheser 5,25-26

»... wie auch der Christus die Gemeinde geliebt und sich selbst für sie hingegeben hat, um sie zu heiligen, indem er sie reinigte durch das Wasserbad im Wort.«

Die Befürworter der Lehre, dass die Taufe errettet, haben wirklich einen schweren Stand, wenn sie diese Verse zur Unterstützung ihres Lehrsatzes heranziehen wollen.

Zunächst ist das Wort, das hier mit »Wasserbad« übersetzt ist, nicht das gleiche wie das, welches sonst mit »Taufe« übersetzt wird. Das hier gebrauchte Wort bedeutet eigentlich »Waschung«. Es kommt nur hier und in Titus 3,5 vor. Es hat nichts mit der Taufe zu tun, sondern hat seinen

Zusammenhang in den zeremoniellen Waschungen, die mit Befähigung zum Dienst oder einer Berufung in eine bestimmte Stellung hinein in Verbindung stehen.

Deshalb passt der Begriff der Taufe auch gar nicht in den Zusammenhang des Abschnitts. Die Taufe ist ein Begräbnis in den Tod; hier aber geht es um eine Waschung zum Leben.

Der Abschnitt beschreibt den großen geistlichen Wandel, durch den Sünder von ihrer Unreinheit gereinigt und zu Gliedern der Gemeinde gemacht werden. Es ist eine Reinigung durch die Wirkung des Wortes Gottes. Das Wort Gottes reinigt uns zunächst im Wasserbad der Wiedergeburt und dann Tag für Tag auf unserem Lebensweg von den Sünden.

Außerdem erklärt sich diese Bibelstelle selbst durch die Feststellung, dass es sich um ein Wasserbad *im Wort* handelt.

Die Bedeutung von Titus 3,5

Der ähnliche Vers in Titus 3 steht mit dem oben Gesagten in engem Zusammenhang: »… errettete er uns, nicht aus Werken, die, in Gerechtigkeit vollbracht, wir getan hatten, sondern nach seiner Barmherzigkeit durch die Waschung der Wiedergeburt und Erneuerung des Heiligen Geistes.«

Auch in diesem Abschnitt wird nicht gesagt »die Taufe der Wiedergeburt«, sondern »die Waschung der Wiedergeburt«. Die Wiedergeburt wird als Waschung beschrieben, was sie sicherlich auch ist. Es ist jedoch eine geistliche Waschung, die die Sünde und Schuld des Lebens abwäscht und nicht die Unreinheit des Körpers.

Es ist sehr gefährlich, in diesen Vers die Taufe hineinzulesen. Eine Person kann getauft sein, ohne irgendeine Veränderung in ihrem Leben zu erfahren. Vielleicht kommen heute sogar mehr Menschen in die Hölle auf Grund der Irreführung, dass die Taufe die Seele rette, als durch irgendeine andere Täuschung.

Die Bedeutung von 1. Petrus 3,21

Schließlich wird auch 1. Petrus 3,21 oft herangezogen, um die Errettung durch die Taufe zu belegen, weil dort wörtlich festgestellt wird, dass die Taufe uns errettet. Wieder einmal muss auf den unmittelbaren Textzusammenhang verwiesen werden, um herauszufinden, in welchem Sinn hier Taufe gemeint ist.

Vers 18: »Denn es ist auch Christus einmal für Sünden gestorben, der Gerechte für die Ungerechten, damit er uns zu Gott führe, zwar getötet nach dem Fleisch, aber lebendig gemacht nach dem Geist.«

Vers 19: »In diesem ist er auch hingegangen und hat den Geistern im Gefängnis gepredigt,«

Vers 20: »die einst ungehorsam waren, als die Langmut Gottes in den Tagen Noahs abwartete, während die Arche gebaut wurde, in die wenige, das sind acht Seelen, durchs Wasser hindurch gerettet wurden.«

Vers 21: »Das Gegenbild dazu rettet jetzt auch euch, das ist die Taufe - nicht ein Ablegen der Unreinheit des Fleisches, sondern die Bitte an Gott um ein gutes Gewissen - durch die Auferstehung Jesu Christi.«

Vers 22: »Der ist zur Rechten Gottes, nachdem er in den Himmel gegangen ist, und Engel und Gewalten und Mächte sind ihm unterworfen« (1. Petrus 3,18-22).

Die Bedeutung von Vers 18 ist ganz eindeutig: Christus starb für unsere Sünden, der Gerechte für die Ungerechten, auf dass er uns zu Gott führte. Er wurde getötet, aber er stand wieder auf durch die Macht des Heiligen Geistes.

In Vers 19 wird uns mitgeteilt, dass er in demselben Heiligen Geiste hingegangen ist und den

Geistern im Gefängnis gepredigt hat. *Beachte, dass nicht gesagt wird, dass sie im Gefängnis waren, als er zu ihnen predigte.* Der nächste Vers stellt nämlich klar, dass sie es nicht waren. Dort erkennen wir, dass es sich um die Menschen handelt, die zu Noahs Zeiten lebten. Noah predigte zu diesen Menschen (und wir erfahren hier, dass es Christus war, der durch Noah zu ihnen gepredigt hat). Sie glaubten jedoch nicht; sie wiesen die Botschaft zurück. Als Folge davon sind sie nun Geister im Gefängnis und erwarten den Tag des Gerichts.

Nur die, die sich in die Arche begeben hatten, wurden durch das Wasser (oder: durch das Wasser hindurch) gerettet. Die Arche rettet sie und nicht das Wasser, und zwar durch das Wasser hindurch oder mitten durch das Wassers. *Der im Wasser war, kam um, während der gerettet wurde, der in der Arche vor der Flut der Wasser geschützt wurde.*

In Vers 21 zeigt Petrus dann die geistliche Anwendung. Christus ist die Arche der Errettung. Er wurde in den Wassern des Todes getauft. Wer geistlich in seinen Tod getauft wird, ist errettet. Er ist errettet, weil er in Christus ist.

Deshalb rettet uns die Taufe tatsächlich - nicht die Taufe im Wasser, sondern die Taufe Christi in den Tod und unsere Vereinigung mit ihm in ihr (d. h. mit ihm gestorben und begraben).

Der Ausdruck »nicht ein Ablegen der Unreinigkeit des Fleisches« weist darauf hin, dass es hier nicht um die Taufe mit Wasser geht. Wasser hat die Wirkung, Schmutz vom Körper zu entfernen, aber es kann kein gutes Gewissen verschaffen. Nur die Vereinigung mit Christus in seinem Tod, seinem Begräbnis und seiner Auferstehung kann dies bewirken.

Die Auferstehung Christi wird in Vers 21 betont, weil von ihr alles abhängt. Wenn Christus nur in den Tod getauft worden, aber nicht auferstanden wäre, hätte es für uns keine Errettung geben können. Aber so wie die Arche die verwüstenden Fluten überstand und ihre Insassen ans trockene Ufer brachte, so ging Christus in den Tod, stand wieder auf am dritten Tag und rettet alle, die »in ihm« sind.

Die Taufe von Haushalten (Hausgemeinschaften)

Im Neuen Testament wird mehrere Male berichtet, dass Hausgemeinschaften getauft wurden. Lydia wurde zum Beispiel »mit ihrem Hause« getauft (Apostelgeschichte 16,15). Der philippische Gefängnisaufseher und alle die Seinen wurden getauft (Apostelgeschichte 16,33). Das »Haus des

Stephanas« wurde vom Apostel Paulus getauft (1. Korinther 1,16).

Hieraus jedoch zu folgern, dass die Schrift die Säuglingstaufe gutheißt, würde zu weit gehen. Die fraglichen Abschnitte sagen nichts über Kinder aus. Tatsächlich wird im Fall des philippischen Gefängnisaufsehers eindeutig gesagt, dass sein ganzes Haus an Gott glaubte (Apostelgeschichte 16,34).

Auch andere Verse des Neuen Testaments unterstützen die Ansicht, dass in den ersten Gemeinden nur Gläubige getauft wurden: »Die nun sein Wort aufnahmen, ließen sich taufen« (Apostelgeschichte 2,41). »... und viele Korinther, die hörten, wurden gläubig und ließen sich taufen« (Apostelgeschichte 18,8).

Zugleich muss man jedoch sehen, dass es in der Schrift so etwas wie einen ›Familien-Segen‹ gibt. Gott erkennt die Familie als Einheit an, und wenn auch nur ein Glied gläubig ist, kommen auch die anderen in den Genuss bestimmter göttlicher Segensvorrechte. »Denn der ungläubige Mann ist geheiligt durch die gläubige Frau, und die ungläubige Frau ist geheiligt durch den Bruder; sonst wären ja eure Kinder unrein, nun aber sind sie heilig« (1. Korinther 7,14).

Dies bedeutet allerdings nicht, dass in einer Familie mit Gläubigen alle Angehörigen automatisch errettet sind. Jeder Mensch muss sich persönlich entscheiden und Jesus Christus als seinen Retter annehmen.

Unser Vers sagt, dass die Anwesenheit eines Gläubigen in einer Familie einen heiligenden Einfluss auf die anderen hat. Von daher ist es viel wahrscheinlicher, dass die ungläubigen Familienangehörigen errettet werden, als wenn sie nicht in der Umgebung von Gläubigen lebten.[4]

Paulus' Stellungnahme zur Gläubigentaufe

Zum Abschluss dieses Abschnitts über die Gläubigentaufe wollen wir noch einen Vorwurf untersuchen, der oft gegen den Apostel Paulus erhoben wird. Man sagt nämlich, Paulus zeige durch seine Haltung, dass die Taufe für Christen nicht notwendig oder zumindest nicht sehr wichtig sei. Man beruft sich auf 1. Korinther 1,12-17: »Ich meine aber dies, dass jeder von euch sagt: ich bin des Paulus, ich aber des Apollos, ich aber des Kephas, ich aber Christi. Wie? Ist Christus zerteilt? Ist etwa Paulus für euch gekreuzigt, oder seid ihr auf des Paulus Namen getauft? Ich danke Gott, dass ich niemand unter euch getauft habe außer Krispus

4 Ergänzende Anmerkung des deutschen Herausgebers: Eine weitere Bedeutung dieser Aussage ist, dass der Gläubige in einer Familie sich nicht durch das Zusammenleben in dieser Gemeinschaft verunreinigt.

und Gajus, damit nicht jemand sage, ihr seiet auf meinen Namen getauft worden. Ich habe aber auch das Haus des Stephanas getauft; sonst weiß ich nicht, ob ich noch jemand getauft habe. Denn Christus hat mich nicht ausgesandt, zu taufen, sondern das Evangelium zu verkündigen: nicht in Redeweisheit, damit nicht das Kreuz Christi zunichte gemacht werde.«

Zwei Aussagen werden hier meist als Argument vorgebracht:

1. »Ich danke Gott, dass ich niemand unter euch getauft habe ...«
2. »Denn Christus hat mich nicht ausgesandt zu taufen, sondern das Evangelium zu verkündigen.«

Ein solches Argument ist jedoch schwach. Der Abschnitt selbst sagt weshalb:

Warum war Paulus dankbar, dass er außer Krispus und Gajus keinen von ihnen getauft hatte? Der nächste Vers beantwortet diese Frage: »damit nicht jemand sage, ihr seiet auf meinen Namen getauft worden.« Die fleischlichen Korinther waren Heldenverehrer, und Paulus wollte keiner ihrer Helden werden. Sie folgten zu gern menschlichen Führern, und er wollte, dass ihre Treue und Liebe zu Christus ungeteilt war.

Warum sagte er dann: »Christus hat mich nicht ausgesandt zu taufen, sondern das Evangelium zu verkündigen«? Die Antwort ist, dass die Taufe gegenüber der Predigt des Evangeliums zweitrangig ist. Der Hauptauftrag von Paulus war, das Evangelium zu predigen, nicht zu taufen. Aber die Tatsache, dass er Krispus, Gajus und das Haus Stephanas taufte, zeigt, dass er wohl darauf achtete, dass Glaubende auch getauft wurden.

Dies sollte eine ausreichende Antwort sein für die, die behaupten, dass die Taufe nicht für das Heilszeitalter, in dem wir leben, bestimmt sei. Paulus hielt sie für einen Teil seines Auftrags und führte sie aus.[5]

5 Ergänzende Anmerkung des deutschen Herausgebers (zur Frage von Taufe und Errettung): In Apostelgeschichte 8,13 wird von dem Zauberer Simon berichtet, der glaubte und getauft wurde. Zunächst bleibt es eine Frage, was das für ein Glaube bei Simon war, denn der Begriff »glauben« sagt weder etwas über den Glaubensinhalt noch über die Glaubensqualität aus. Die Verse 20-24 zeigen aber für einen im biblischen Sinn »Gläubigen« ungewöhnliche Aussagen von Petrus über Simon:
Vers 20: »Dein Geld fahre mit dir ins Verderben«
Vers 21: »Du hast weder Teil noch Recht an dieser Sache (Heiliger Geist)«
Vers 23: »Du bist voll bitterer Galle und in Banden der Ungerechtigkeit«
Vers 24: Simon ist selbst nicht in der Lage und bereit zu beten. Außerdem zeigt er keine Reue und Buße, er fürchtet lediglich die Folgen seiner Sünde.
Diese Hinweise zeigen klar, dass Simon nicht wiedergeboren und damit nicht errettet war, obwohl er getauft war.

KAPITEL 5

Verschiedene andere Arten der Taufe

Die Taufe mit dem Heiligen Geist

Ein wichtiger Teil der Aufgabe von Johannes dem Täufer war es, die Taufe mit dem Heiligen Geist vorherzusagen. In seiner bescheidenen Art betonte er wiederholt, dass er lediglich mit Wasser taufe, aber dass der, der nach ihm komme, mit dem Heiligen Geist taufen werde (Matthäus 3,11; Markus 1,8; Lukas 3,16; Johannes 1,33).

Der Herr Jesus wiederholte diese Vorhersage als ›Versprechen‹ kurz vor seiner Himmelfahrt, als er seine Apostel anwies, in Jerusalem auf die Verheißung des Vaters zu warten, und dann hinzufügte: »denn Johannes taufte mit Wasser, ihr aber werdet mit Heiligem Geist getauft werden nach nicht mehr vielen Tagen« (Apostelgeschichte 1,5).

Am Pfingsttag wurde den Aposteln diese Verheißung erfüllt, als der Geist Gottes auf die Gläubigen in Jerusalem herabkam, und er anfing, aus ihnen die Gemeinde, den Leib Christi, zu bauen. Die Ausgießung des Geistes wurde begleitet von einem mächtigen Wind, zerteilten Zungen wie von Feuer und der zeichenhaften Gabe, in anderen Sprachen reden zu können (Apostelgeschichte 2,2-4).

Die Apostelgeschichte berichtet von drei späteren Gelegenheiten, bei denen der Geist Gottes auf Gläubige ausgegossen wurde. Dies geschah bei den gläubig gewordenen Samaritern (Apostelgeschichte 8,17), bei den ersten Heiden, die zum Glauben kommen (10,44) und bei den Jünger von Johannes dem Täufer (19,6).

Wie schon erwähnt wurde, hat die Taufe mit dem Geist zur Folge, dass Gläubige in den Leib Christi eingefügt werden. »Denn in einem Geiste sind wir alle zu einem Leib getauft worden, es seien Juden oder Griechen, es seien Sklaven oder Freie, und sind alle mit einem Geiste getränkt worden« (1. Korinther 12,13).

Über das Thema der Taufe mit dem Geist herrscht viel Verwirrung. Viele lehren, dass sie ein zweites, unverkennbares Werk der Gnade ist, das einen besonderen Stand der Heiligkeit mit sich bringt und durch die Gabe der Zungen bezeugt wird. Andere gehen so weit zu lehren, dass sie die sündhafte Natur des Gläubigen ausrottet.

Keine dieser Lehrmeinungen kann durch das Neue Testament belegt werden. Dort bezieht sich die Taufe mit dem Geist einzig auf das Wirken, durch das Gott Gläubige in die Gesamtgemeinde eingliedert. In dem Moment, in dem ein Mensch errettet ist, empfängt er den Geist Gottes und wird ein Glied des Leibes Christi.

Außerdem muss festgestellt werden, dass sich als Folge einer falschen Ausdrucksweise andere, weniger ernsthafte Meinungsverschiedenheiten zu diesem Thema erhoben haben. Viele hingebungsvolle Christen haben eine Erfahrung mit dem Heiligen Geist gemacht, durch die sie näher zu Christus getrieben oder in besonderer Weise für den Dienst gestärkt wurden. In ihrer Hingabe und Begeisterung haben sie diese Erfahrung fälschlicherweise als Taufe mit dem Heiligen Geist bezeichnet. Andere, strenggläubige Menschen haben einen solchen Gebrauch des Ausdrucks »Taufe mit dem Geist« zu Recht verurteilt. Dabei sind sie jedoch so weit gegangen, dass sie die Wirklichkeit dieser Erfahrung leugnen. Dieser Standpunkt muss zurückgewiesen werden. Es ist viel besser, vom Heiligen Geist erfüllt zu sein, auch wenn man die Erfahrung nicht mit den richtigen Worten bezeichnen kann, als theologisch Recht zu haben, aber geistlich kalt und teilnahmslos zu sein.

Zum Abschluss dieses Abschnitts möchten wir wiederholen, was schon vorher gesagt wurde: Die Taufe mit dem Heiligen Geist steht nicht im Zusammenhang mit der Taufe im Wasser. Die Gläubigentaufe stellt das Einssein mit Christus in seinem Tod dar und nicht den Empfang des Heiligen Geistes oder die Eingliederung in den Leib Christi.

Die Taufe mit Feuer

Beim flüchtigen Lesen des Neuen Testaments kann man zu dem Schluss kommen, dass die Taufe mit dem Heiligen Geist und mit Feuer ein und dasselbe Ereignis ist. Da heisst es nämlich: »Er wird euch mit Heiligem Geist und Feuer taufen« (Matthäus 3,11; Lukas 3,16).

Die Ansicht, dass es sich hier um ein- und dieselbe Taufe handelt, wird vermeintlich durch den Bericht in Apostelgeschichte 2 verstärkt, wo wir lesen, dass die Taufe mit Heiligem Geist von »zerteilten Zungen wie von Feuer« begleitet wurde (Apostelgeschichte 2,3).

Zunächst ist grundsätzlich zu sagen, dass alle Stellen im Neuen Testament, in denen etwas vom Feuer gesagt wird, entweder von Gericht und Läuterung sprechen, oder aber Feuer im natürlichen Sinn meinen (Feuer zum Wärmen usw.), nie aber in Verbindung mit irgendeiner göttlichen Segnung.

Die Taufe mit Feuer ist von der Taufe mit dem Geist zu unterscheiden. *Jene ist eine Taufe des Ge-*

richts, diese der Segnung. Das ist leicht zu begründen.

Als Johannes der Täufer zu Gläubigen und Ungläubigen sprach, sagte er: »Er wird euch mit Heiligem Geist und Feuer taufen« (Matthäus 3,11; Lukas 3,16).

Als er nur zu Gläubigen sprach (Markus 1,5), sagte er: »Er wird euch mit Heiligem Geist taufen« (Markus 1,8). Hier wird das Feuer nicht erwähnt.

Auch die Verse, die dann unmittelbar auf die Erwähnung der Taufe mit Feuer folgen, beweisen, dass sie eine Taufe des Gerichts ist: »Seine Worfschaufel ist in seiner Hand; er wird seine Tenne durch und durch reinigen und seinen Weizen in die Scheune sammeln; die Spreu aber wird er *verbrennen mit unauslöschlichem Feuer«* (Matthäus 3,12; Lukas 3,17).

Dasselbe sagen auch die Bibelstellen 2. Thessalonicher 1,8, Judas 7 und Offenbarung 19,20 aus, wo das Feuer als Symbol für das Gericht benutzt wird. Der Feuersee ist Gottes ewiges Gericht über die Menschen, die den Herrn Jesus abgelehnt haben.

Zwei im Neuen Testament erwähnte alttestamentliche Taufen

Die Taufe auf Mose

In 1. Korinther 10,2 gebraucht der Apostel Paulus das Wort »Taufe«, um die Segnungen anzudeuten, die das Volk Israel in der Gemeinschaft mit Mose bei der Durchquerung des Roten Meeres und der Wüstenreise empfing.

»Ich will nicht, dass ihr in Unkenntnis darüber seid, Brüder, dass unsere Väter alle unter der Wolke waren und alle durch das Meer hindurchgegangen sind und alle in der Wolke und im Meer auf Mose getauft wurden und alle dieselbe geistliche Speise aßen und alle denselben geistlichen Trank tranken; denn sie tranken aus einem geistlichen Felsen, der sie begleitete. Der Fels aber war der Christus. An den meisten von ihnen aber hatte Gott kein Wohlgefallen, denn sie sind in der Wüste hingestreckt worden. Diese Dinge aber sind als Vorbilder für uns geschehen, damit uns nicht nach bösen Dingen gelüstet, wie es jene gelüstete« (1. Korinther 10,1-6).

Wenn Paulus sagt, dass die Menschen in der Wolke und in dem Meer auf Mose getauft wurden, so bedeutet das einfach, dass sie Mose äußerlich als ihren Führer anerkannten, als er sie durch das

Meer führte und sie mit der Wolkensäule, dem sichtbaren Zeichen der Gegenwart Gottes, als ihrem Führer, durch die Wüste leitete.

Während sie Mose äußerlich zu folgen versprachen, hingen ihre Herzen aber dennoch an Ägypten. Sie sehnten sich nach den Dingen, die sie durch das Eingreifen Gottes hinter sich gelassen hatten.

Es besteht die Möglichkeit, dass ein Mensch als Gläubiger getauft sein und bekennen kann, dass er von der gottlosen Welt getrennt ist, und dennoch mit seinem Herzen in dieser Welt geblieben ist. Ein äußeres Bekenntnis reicht nicht aus. Die innere Wirklichkeit eines neuen und von der Welt getrennten Lebens muss sichtbar und erlebbar werden.

Jüdische Taufen

In Hebräer 6,2 wird das Wort »Taufe« benutzt, um auf die verschiedenen irdischen Waschungen hinzuweisen, die im Zusammenhang mit dem Dienst in der Stiftshütte und im Tempel standen. Zum Beispiel wurden Aaron und seine Söhne von Mose mit Wasser gewaschen, als sie als Priester eingesetzt wurden. Auch wurde von den Priestern verlangt, dass sie ihre Hände und Füße wuschen, wenn sie ihren Dienst in der Stiftshütte erfüllten.

Der Schreiber des Hebräerbriefs stellt fest, dass diese Dinge nur Symbole und Schatten sind, und dass sie zugunsten der geistlichen Wirklichkeit des Christentums abgeschafft wurden.

In Hebräer 9,10 heißt es: »Es sind nur - neben Speisen und Getränken und *verschiedenen Waschungen* -, Satzungen des Fleisches, die bis auf die Zeit einer richtigen Ordnung auferlegt sind.«

Der Gedanke ist hier wieder, dass diese Handlungen zeitlich begrenzt sind, und dass sie ihre Erfüllung in der Person und dem Werk Christi finden.

In Markus 7,4.8 bezieht sich das Wort »waschen« auf die rituelle Waschung von Bechern, Schüsseln und anderen Gegenständen. Auch in Lukas 11,38 wird dies Wort gebraucht, um die komplizierten rituellen Waschungen zu beschreiben, die vor dem Essen üblich waren.

Schlussbemerkungen

Auf den vorhergehenden Seiten haben wir festgestellt, dass es im Neuen Testament verschiedene Arten der Taufe gibt, von denen einige geistlich und einige praktisch zu verstehen sind und einige diese beiden Aspekte vereinen.

Aber trotz dieser Verschiedenheiten der Taufen konnte der Apostel Paulus in Epheser 4,5 schreiben: »ein Herr, ein Glaube, *eine Taufe«*. Auf welch eine Taufe bezieht er sich hier?

Es scheint uns so, dass die in Epheser 4,5 erwähnte Taufe die Taufe in den Tod Christi ist, die sich bei der Bekehrung ereignet und nachträglich durch die Taufe mit Wasser versinnbildlicht wird. Das Argument, dass die Taufe heute in sehr verschiedener Art und Weise durchgeführt wird, ändert nichts an der Tatsache, dass jeder Gläubige in den Tod Christi getauft ist, unabhängig davon, ob er dies nun in der Wassertaufe bekannt hat oder nicht.[6]

6 Ergänzende Anmerkung des deutschen Herausgebers: Viele zum Glauben Gekommene haben Schwierigkeiten mit der Problematik der sogenannten Wiedertaufe. Die dazu gehörende Lehre stützt sich auf Epheser 4,5: »**Ein** Leib, **ein** Geist, **eine** Hoffnung, **ein** Herr, **ein** Glaube, **eine** Taufe«. Man argumentiert: Es gibt nur einen rettenden Glauben, also auch nur eine (rettende) Taufe. Dies ist vorbehaltlos richtig. Allerdings stellt sich die Frage, welche Taufe hier gemeint ist. Wenn es die »Wassertaufe« wäre, hätte zweifellos Paulus falsch gehandelt, als er die »Johannes-Jünger« in Ephesus (Apostelgeschichte 19,1-7) taufte bzw. taufen ließ.

Es ist sehr zu beklagen, dass der Teufel die Taufe benutzt hat, um sowohl Sünder als auch Gläubige zu verwirren. In den sogenannten christlichen Ländern gehen heute wahrscheinlich mehr Menschen ins ewige Verderben auf Grund der Vorstellung, dass die Taufe rette, als aus irgendeinem anderen Grund. Auch Gläubige sind so weit gekommen, die Taufe wichtiger zu nehmen als die geistliche Wahrheit, die ihr zugrunde liegt, und zwar mit dem Erfolg, dass man keine Veränderung ihres Lebens lehrt und erwartet und auch das neue Leben nicht erkennen kann, obwohl sie durch Untertauchen im Wasser getauft worden sind.

Aber die Wahrheit Gottes dringt durch. Wo immer man dem Wort Gottes gehorcht und die einfachen Lehren über die Taufe befolgt, herrscht Freude und Zufriedenheit. Im Leben des Kämmerers bewirkte die Taufe, dass er »seine Straße mit Freuden zog«. So ergeht es auch weiterhin allen, die in Glauben und Gehorsam nachfolgen.

Verzeichnis der Bibelstellen

Seite

Ryrie, Charles C.

Die Bibel verstehen

Die Bibel verstehen lernen

Das Handbuch biblischer Theologie für jeden

CV/Best.-Nr. 273.109
ISBN 3-89436-109-3

DM/SFr 39,80/ÖS 295,00
gebunden, 608 Seiten

Warum biblische Lehre? Paulus schrieb, daß es lebensnotwendig sei, die »gesunde Lehre« zu verstehen und zu praktizieren. Daher erklärt Dr. Charles Ryrie in diesem Handbuch systematisch für jeden Bibelleser grundlegende biblische Zusammenhänge und Lehrthemen im Gesamtkontext der Heiligen Schrift.
Mit eingängigen Beispielen und einer leicht verständlichen Sprache verhilft er zu einem fundierten Überblick über die Fülle von Aussagen zu allen wichtigen Themen Systematischer Theologie.
Eine wertvolle Hilfe nicht nur für Bibelstudenten, sondern auch für jeden Gemeindemitarbeiter und interessierten Bibelleser.